DES

ODEURS DE PARIS

LIBRAIRIE LAROUSSE
PARIS
PARIS
RUE MONTPARNASSE

DES
ODEURS
DE PARIS

PAR

ÉMILE RASPAIL

INGÉNIEUR CIVIL
CONSEILLER D'ARRONDISSEMENT
MAIRE D'ARCUEIL-CACHAN

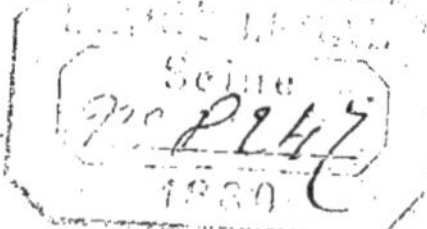

PARIS

IMPRIMERIE Vve P. LAROUSSE ET Cie

19, RUE MONTPARNASSE, 19

1880

A LA PRESSE

Interprète fidèle du sentiment public;

A L'ÉDILITÉ PARISIENNE

Adversaire des abus et des privilèges;

AU CONSEIL GÉNÉRAL

AUX DEUX CONSEILS D'ARRONDISSEMENT

Gardiens vigilants des intérêts surburbains;

A la grande souveraine enfin,

L'OPINION PUBLIQUE

ÉMILE RASPAIL

Ingénieur civil,
Conseiller d'arrondissement,
Maire d'Arcueil-Cachan.

AVANT-PROPOS

Il a fallu que nous ayons atteint le paroxysme des infections miasmatiques pour que l'administration supérieure daignât s'occuper d'un état de choses honteux et dont elle doit se considérer à juste titre comme l'auteur.

Il a fallu que la presse entière se fût soulevée d'indignation pour que l'autorité compétente s'en émût.

Que d'efforts nous avons faits, que d'explications, que de mémoires et de notes nous avons produits depuis sept ans pour ouvrir les yeux... et les narines des fonctionnaires chargés de la salubrité. Tout cela en pure perte, et même il semblait que chaque fois que les municipalités, se faisant l'écho des populations empoisonnées, tentaient une nouvelle démarche, de nouvelles entraves leur étaient opposées, de nouvelles faveurs étaient gracieusement octroyées aux possesseurs des établissements insalubres par excellence.

Nous n'avons pas la prétention de dire ici toute la vérité sur cette question, des volumes ne suffiraient pas; nous en parlerons succinctement, mais de façon à éclairer et à convaincre tout le monde.

Les *odeurs de Paris* sont dues, presque exclusivement,

aux nombreux dépotoirs et surtout aux fabriques de sulfate d'ammoniaque qui entourent la capitale et lui envoient leurs émanations suffocantes et pestilentielles.

Nous nous occuperons donc spécialement de ce genre de fabrication et nous démontrerons que de deux choses l'une : ou bien le service sanitaire et les commissions spéciales ont fait preuve d'une ignorance absolue, ou bien des intérêts inavouables les ont poussés à des complaisances monstrueuses.

DES

ODEURS DE PARIS

**Fabrication du sulfate d'ammoniaque
par les matières fécales et ses conséquences
au point de vue technique.**

Les administrations soi-disant compétentes semblent
tellement ignorer les procédés de cette fabrication, que
nous devons commencer par les décrire et par expliquer
comment elle s'opère.

Dans les fabriques de sulfate d'ammoniaque, des bassins sont disposés pour recevoir les tonnes de vidange,
extraites chaque nuit de Paris en quantité considérable.
De ces bassins, dits de repos, les liquides s'écoulent, en
traversant un filtre, dans des réservoirs; aspirés par des
pompes, ils sont conduits dans des colonnes de distillation d'où les produits volatils, à une température au-des-
sus de 100°, s'échappent à la partie supérieure pour être
amenés dans des bacs d'acide sulfurique, tandis que les
résidus plus ou moins boueux, mais toujours infects de la
distillation, sont recueillis dans des réservoirs, pour de là
être évacués à l'égout. Il en résulte deux causes distinctes d'insalubrité :

1° Ces résidus boueux s'écoulent dans les bassins de

repos à une température élevée qu'ils n'ont pas le temps de perdre avant de sortir de l'usine, et, selon la saison et leur abondance, ils arrivent à l'égout à une température que je n'ai pu vérifier, mais qui se trouve entre 30° et 50° centigrades, c'est-à-dire dans les meilleures conditions pour leur fermentation et celle des eaux d'égout auxquelles ils vont être mélangés. Or, il ne faut pas l'oublier, une usine rejette chaque jour des centaines de mètres cubes de ces matières.

Qu'en résulte-t-il? La question est trop complexe pour qu'un chimiste puisse énumérer toutes les réactions qui doivent s'ensuivre; mais l'accident épouvantable qui vient de coûter la vie à plusieurs égoutiers, rue Rochechouart, montre ce qu'ont de redoutable, pour la vie des hommes, de semblables fermentations. Elles menacent l'existence des courageux travailleurs qui parcourent le gigantesque réseau d'égouts de la capitale et la santé de tous ceux qui approchent les orifices, en nombre infini, de cette canalisation souterraine.

2° Quant à la seconde cause d'insalubrité, elle est autrement grave.

Que se passe-t-il, en effet, lorsque les gaz et vapeurs, dégagés des matières fécales, vont barboter dans les bacs d'acide sulfurique? L'acide sulfurique s'empare de l'ammoniaque pour former le sulfate d'ammoniaque et dégager un volume considérable de gaz et vapeurs acides essentiellement toxiques qui sont envoyés dans l'atmosphère. Mais, va-t-on me dire, « les gaz et les vapeurs non condensés dans la distillation seront conduits sous les foyers des chaudières à vapeur pour y être brûlés, et les produits de la combustion seront ensuite évacués par une cheminée d'au moins 20 mètres de hauteur. »

On prétendait, et nous avons toujours soutenu le contraire, que ces gaz et vapeurs, en passant à travers une grille chargée de combustible en ignition, se détruisaient entièrement avant d'être expulsés dans l'atmosphère.

Or, dans notre opinion, il n'est pas nécessaire de supposer que l'industriel peut ne pas se soumettre jour et nuit à cette clause de son autorisation, car il faudrait n'avoir aucune notion de chimie ou être intéressé à cacher la vérité pour soutenir que ces gaz et miasmes délétères seront ainsi supprimés.

En effet, s'il est impossible, comme je l'ai fait observer, de savoir exactement ce qui se passe dans ce mélange de produits hétérogènes, mais tous nuisibles, il suffit de savoir que, parmi les substances volatilisées dans les colonnes distillatoires, il se trouvait du carbonate, du sulfhydrate et divers sels d'ammoniaque.

Je laisse de côté les sels et les substances plus ou moins bien définis, parmi lesquels on rencontre les miasmes les plus subtils et les plus dangereux, afin de ne pas compliquer la question et d'être compris de plus de monde. Voyons donc ce qui advient.

L'ammoniaque des sels que j'ai indiqués reste fixée par l'acide sulfurique, et il se dégage un mélange d'acide carbonique, d'acide sulfhydrique, etc. Supprimons un instant l'*etc.*, comme nous avons mis de côté les autres dégagements gazeux; nous allons donc envoyer sous les foyers deux gaz acides; or, la combustion est acide, donc ils ne seront pas neutralisés; bien plus, pour que la combustion soit complète, il faut que le charbon passe à l'état d'acide carbonique, c'est-à-dire au maximum d'oxydation; mais pour cela, il faut envoyer sous les foyers de l'air, et non ce mélange d'acide carbonique, d'acide sulfhydrique et d'air, impropre à une bonne combustion et qui détermine d'abord la formation d'oxyde de carbone; or, non seulement l'oxyde de carbone ne peut entretenir la respiration, mais il agit comme un véritable poison.

Quant à l'acide sulfhydrique, il est bien combustible, mais il se décompose à la chaleur avec la plus grande difficulté et ne peut être détruit au milieu de cette combustion incomplète que nous venons de caractériser. Chacun connaît l'odeur insupportable de ce gaz et l'on aura une idée de son pouvoir délétère en se rappelant que sa présence dans l'air dans la proportion de $\frac{1}{1\,200}$ suffit à tuer un oiseau, et que maintes fois il a déterminé chez les ouvriers qui vident les fosses d'aisances une mort foudroyante.

Que si on nous demande ce qu'il doit advenir de tous les autres produits que nous avons négligés, nous nous contenterons de faire remarquer que si, pour les deux ci-dessus signalés, le remède est pire que le mal, pour les autres, le passage, à travers un foyer dont la combustion est aussi défectueuse, ne saurait détruire leurs effets morbides, leur composition chimique en fût-elle modifiée.

Ceci, peut-on répliquer, est de la théorie. Passons à la pratique.

Au point de vue médical.

« Depuis le moment où M. Forgeois (celui qui a construit l'usine des Hautes-Bornes) a commencé sa fabrication jusqu'à ce jour, j'ai pu observer non seulement dans le voisinage immédiat, mais même dans des maisons assez éloignées, des malaises et des maladies que l'on ne peut attribuer qu'aux émanations délétères provenant de la fabrication du sulfate d'ammoniaque par le traitement des eaux vannes du dépotoir Chatain.

» Les abords de ces deux établissements sont pestilentiels, mais leurs effets pernicieux ne sont pas seulement circonvoisins, *ils s'étendent dans un périmètre des plus étendus.*

» Que de fois il a dû vous arriver, en passant sous le vent de ces fabriques, de vous trouver suffoqué par une odeur infecte qui vous prend à la gorge! L'air que vous venez de respirer est complètement vicié. Il est impropre à l'hématose, c'est-à-dire à la régénération du sang dans les poumons. Vous avez, de plus, absorbé une certaine quantité de gaz sulfureux et acidés, lesquels sont éminemment toxiques.

» Cette absorption, si elle est passagère, c'est-à-dire si vous n'êtes pas forcé de respirer longtemps cet air impur, cette absorption détermine les phénomènes suivants :

» Constriction de la gorge, ptyalisme, c'est-à-dire crachotement, malaise général, étourdissement, céphalalgie et quelquefois vomissements, presque toujours cardialgie et palpitations du cœur.

» Lorsque les poumons se trouvent pendant plus longtemps en contact avec cette atmosphère ainsi empoisonnée, on voit apparaître des symptômes plus graves qui sont l'exagération des précédents, et il y a enfin véritable intoxication pour ceux qui sont continuellement obligés de respirer un milieu aussi méphitique.

» Je sais qu'on m'a objecté que ces cas étaient dus au hasard, qu'il n'y avait là qu'une simple coïncidence. Je prierai mes contradicteurs de bien vouloir m'expliquer pourquoi *tous ces symptômes ont cessé d'être observés durant la trop courte période de temps pendant laquelle la fabrique a dû être fermée* par suite de la faillite de M. Dessignolles (la fermeture est due, non à cette faillite, mais à un arrêté du préfet de police, nous le verrons), POUR REPARAÎTRE AUSSITÔT APRÈS L'INSTALLATION DE M. DE PAUVILLE.

. . . .

» Cette année, en juillet et en août 1878, à part une seule exception, la fièvre typhoïde n'a fait son apparition que dans le voisinage de la fabrique de sulfate d'ammoniaque.

» Quatre cas surtout ont été particulièrement graves; ils ont été constamment accompagnés d'hémorragies nasales, plus abondantes que celles observées d'ordinaire dans la dothiénentérie. » (*Rapport* du docteur DURAND, médecin du bureau de bienfaisance et de l'état civil d'Arcueil-Cachan, inspecteur des écoles du canton de Villejuif [24 septembre 1878]).

Est-ce clair?

Outre deux cas de mort relatés dans le rapport du docteur Durand, veut-on encore des faits à l'appui?

En voici:

Mon usine est située à 500 mètres environ de celle des Hautes-Bornes. J'ai perdu deux de mes ouvriers, l'un, nommé Page, décédé en 1877, l'autre, nommé Delord, décédé cette année. Tous deux habitaient route stratégique, à 2 ou 300 mètres de la fabrique de sulfate d'ammoniaque. Leur mort a été déterminée par des affections des voies respiratoires.

De toutes mes ouvrières, deux seulement (femmes Derbec et Thomas), ayant éprouvé très fortement et éprouvant encore les effets décrits par le docteur Durand, habitent dans le voisinage de l'usine pestilentielle.

Mon jardinier et sa femme sont sous l'influence des conséquences morbides de ces émanations ; et ajouterai-je que je ne puis attribuer à une autre cause l'atroce affection du larynx dont je souffre depuis longtemps.

Enfin veut-on une preuve indiscutable ?

J'ai fait relever les chiffres de la mortalité dans ma commune, pendant les dix dernières années :

Année 1870	—	142 décès.
— 1871	—	138 —
— 1872	—	120 —
— **1873**	—	**164** —
— 1874	—	126 —
— 1876	—	145 —
— **1877**	—	**173** —
— 1878	—	141 —
— 1879	—	140 —
9 mois **1880**	—	**145** —

Les années soulignées comme sinistres correspondent justement :

1873, à l'ouverture de l'usine des Hautes-Bornes par le sieur Forgeois, fermée en 1875-1876 par arrêté préfectoral ;

1877, à sa réouverture par le sieur de Pauville ;

1880, pour laquelle nous avons déjà 145 décès, chiffre énorme pour neuf mois, correspond à l'accroissement considérable de la fabrication de par l'autorisation illégale de M. le Préfet de police, en date du 3 février 1880.

2

On voit que les faits ne confirment malheureusement que trop les données théoriques.

Comment de telles usines peuvent-elles s'installer dans le voisinage de plusieurs centres importants, à 700 mètres de Paris?

Comment? Nous avons examiné les effets terribles de cette industrie, nous allons envisager la façon profondément triste dont on la favorise.

Législation.

N'y a-t-il rien pour protéger les populations contre des industriels qui se livrent à ce genre d'exploitation?

Si, il y a des décrets, il y a des ordonnances qui réglementent les industries insalubres; seulement, leur application paraît être d'autant plus rigoureuse qu'on en fait usage à l'encontre de fabrications moins nuisibles.

Pour les fabriques de sulfate d'ammoniaque par la distillation des matières fécales, fabriques dont l'insalubrité défie toute comparaison, décrets et ordonnances restent lettre morte, et s'il arrive que, poursuivie dans ses derniers retranchements, l'administration supérieure soit mise en demeure d'en faire usage, il y a un tel parti pris qu'on les modifie à l'occasion pour la plus grande prospérité de ces industries immondes, sacrifiant effrontément la santé de nombreuses populations à l'intérêt de quelques agioteurs.

A ceux qui nous accuseraient d'exagération, nous allons répliquer par des exemples; mais rappelons d'abord la législation.

Le décret du 15 octobre 1810 rangea les établissements dangereux ou insalubres dans trois catégories :

La première comprenant *ceux qui doivent être éloignés des habitations particulières :*

La seconde, les manufactures et ateliers *dont l'éloignement des habitations n'est pas rigoureusement nécessaire,* mais dont il importe de ne permettre la formation qu'après avoir acquis la CERTITUDE que les opérations qu'on y pratique sont exécutées de manière *à ne pas incommoder les propriétaires du voisinage ni leurs causer de dommage ;*

Enfin la troisième catégorie renferme les établissements qui peuvent s'établir sans inconvénient auprès des habitations, mais qui doivent rester soumis à la surveillance de la police.

L'ordonnance du 14 janvier 1815 en porte la liste et les classe en les désignant avec précision.

Nous y trouvons les diverses fabrications de sels ammoniacaux réunies en ce seul paragraphe :

AMMONIACAUX (FABRICATION DES SELS) PAR LA DISTILLATION DES MATIÈRES ANIMALES, *ou préparés au moyen des eaux de condensation des usines d'éclairage.* (PREMIÈRE CATÉGORIE.)

La nomenclature de l'ordonnance de 1815 fut modifiée par un décret du 31 décembre 1866, ainsi conçu :

« ARTICLE PREMIER. — La division en trois classes des établissements insalubres, dangereux ou incommodes aura lieu conformément au tableau annexé au présent décret. »

Ce décret fait une distinction entre les divers sels ammoniacaux et les classe ainsi :

AMMONIAQUE (fabrication en grand de l') par la décomposition des sels ammoniacaux (classe 3).

SEL AMMONIAC et *sulfate d'ammoniaque* (fabrication du) par l'emploi des matières animales (classe 2).

SEL AMMONIAC extrait des eaux d'épuration du gaz (fabrication spéciale de) [classe 2].

Enfin :

SULFATE D'AMMONIAQUE (fabrication du) PAR LE MOYEN DE LA DISTILLATION DES MATIÈRES ANIMALES (CLASSE 1re).

Enquêtes illégales et déloyales de commodo et incommodo.

Cette classification était claire, précise; elle était, de plus, correcte et raisonnée. D'après elle, l'usine des *Hautes-Bornes*, qui fabrique le sulfate d'ammoniaque par LA DISTILLATION DES MATIÈRES ANIMALES (vidanges), ne pouvait être autorisée qu'après une enquête de première classe. Eh bien! l'enquête *de commodo et incommodo* a été opérée comme s'il s'était agi d'une industrie de seconde classe!

Est-elle seule dans ces conditions? Non. Il paraît que, pour toutes ses pareilles, la bienveillance administrative a été telle qu'on s'est cru autorisé à fouler la loi aux pieds.

Pourquoi? Nous allons le voir; car, en présence d'un fléau semblable, il n'y a pas de réticence possible, et le moment est venu de dévoiler toutes les manœuvres qui, jusqu'à ce jour, ont protégé audacieusement les entrepreneurs de vidanges et leurs associés, les fabricants de sulfate d'ammoniaque.

Si l'enquête avait eu lieu pour industrie de première

classe, là demande en autorisation devait être présentée
au préfet et affichée, par son ordre, dans TOUTES LES COM-
MUNES A CINQ KILOMÈTRES DE RAYON. (Art. 3, décret du
15 octobre 1810.)

Il fallait, par des affiches, porter à la connaissance des
habitants des communes de Bagneux, Bourg-la-Reine,
Châtillon, Fontenay-aux-Roses, Gentilly, Issy, Ivry-sur-
Seine, Larue, L'Hay, Montrouge, Sceaux, Vanves, Villejuif, Vitry et de la ville de Paris, que, sur le territoire
d'Arcueil-Cachan, allait s'établir un de ces foyers méphiti-
ques qui ont nom *fabrique de sulfate d'ammoniaque par
la distillation des matières fécales.*

Il pouvait se trouver dans tous ces centres des personnes en état d'éclairer leurs concitoyens sur les effets
funestes des émanations de cette fabrication, et alors quelle
explosion de protestations !

Au mépris de la loi, on opéra simplement comme pour
une industrie de deuxième classe, c'est-à-dire dont l'*éloignement des habitations n'est pas absolument nécessaire.*
L'enquête se limitait ainsi à la commune d'Arcueil-Cachan
sous une forme qui n'avait rien d'inquiétant pour ses habitants; de plus, l'administration municipale de l'époque
laissa enlever les quelques rares affiches presque aussitôt
que collées.

Je fis ce que d'autres auraient pu faire ailleurs; je ré-
digeai une protestation en tête de l'enquête, protestation
très motivée, et chaque fois que quelqu'un me demandait
mon avis, je lui disais : Il est consigné sur la feuille d'enquête à la mairie; lisez-le et agissez d'après votre appré-
ciation.

Quelle ne fut pas ma surprise, mon indignation même,
lorsque j'appris, après enquête terminée, que ma protes-

tation avait été soustraite du dossier et que ceux qui en avaient demandé communication n'avaient pu l'obtenir et s'étaient laissés circonvenir par des raisonnements mensongers autant qu'intéressés.

C'est ainsi qu'en 1873, sur enquête motivée par la demande du sieur Forgeois, les oppositions ont été frauduleusement supprimées et que l'autorisation fut accordée par arrêté du 9 août 1873, rapporté le 2 novembre 1875, à la suite de contraventions aux conditions prescrites par ledit arrêté d'autorisation.

On se croyait débarrassé du fléau, et les communes avoisinantes se réjouissaient de pouvoir à l'avenir respirer librement, mais on comptait sans certains industriels d'une ténacité rare. Au surplus, jamais personne n'aurait pu s'imaginer l'odieuse comédie qui allait bientôt ramener l'infection dans les parages, par eux-mêmes si salubres, du sud de Paris.

C'est avec autant de tristesse que de dégoût que nous allons énumérer toutes ces complaisances éhontées non moins qu'illégales qui font qu'aujourd'hui encore nous réclamons plus que jamais la fermeture de l'usine des Hautes-Bornes.

Réouverture de l'usine des Hautes-Bornes.

Cette usine avait été fermée, nous venons de le voir, le 2 novembre 1875.

Le 27 octobre 1876, un monsieur, né Nicole, devenu baron de Pauville, en sollicita la réouverture.

Une enquête *de commodo et incommodo* fut ouverte, tout aussi illégalement que la première fois (demande Forgeois), autrement dit, comme s'il se fût agi d'une industrie de deuxième classe, alors que la fabrication du sulfate d'ammoniaque par la distillation des matières animales était, nous l'avons vu, de la première catégorie des industries classées.

Mais cette fois la population d'Arcueil-Cachan savait à quoi s'en tenir sur l'industrie en question, et ce fut une procession d'opposants à la mairie. Pour près d'un millier de protestations, il n'y eut qu'une déclaration favorable, la seule, d'ailleurs, sur laquelle la sinistre industrie pouvait raisonnablement compter, celle du conservateur du cimetière.

La préfecture de police, « en raison des oppositions nombreuses qui se produisirent, rejeta, par arrêté en date du 3 février 1877, la demande du sieur de Pauville. »

Ah! enfin! se dit-on de toutes parts.

Qui jamais aurait pu supposer ce qui allait suivre?

Que de mesures scandaleuses devaient encore survenir!

Le même jour où M. le Préfet de police rejetait la demande du sieur de Pauville, il recevait une supplique de celui-ci et dont je ne veux retenir que cette phrase : « J'AI CAUSÉ DE L'AFFAIRE AVEC UN DE MM. LES MINIS-TRES, QUI DOIT LUI-MÊME VOUS EN PARLER. (2 février 1877.)

Nous nous rappelons qu'un jour M. de Pauville répondit, à propos d'un concurrent dont la demande venait d'être repoussée : « C'est qu'il n'a pas su s'y prendre. » M. de Pauville s'y est bien pris, la suite le démontrera.

Disons, sans pour cela commettre une bien grosse indiscrétion, que le ministre en question est aujourd'hui président du Sénat; c'est M. Léon Say, dont M. de Pauville n'a certes pas rehaussé la réputation en mêlant son nom à toutes ses intrigues industrielles.

Le conseil d'État complaisant.

Quoi qu'il en soit, la demande de Pauville était rejetée, l'usine des Hautes-Bornes était fermée, les populations allaient pouvoir vivre en paix; l'administration avait fait son devoir!

Mais à peine avaient-elles eu le temps de se rassurer que l'intéressé agissait dans l'ombre et faisait jouer de hautes influences occultes. Sans que populations et municipalités intéressées en eussent eu le moindre soupçon, il parvenait, chose incroyable et odieuse, à obtenir un arrêt du conseil d'État qui annulait l'arrêté de rejet du Préfet de police et accordait au sieur de Pauville l'autorisation d'empoisonner derechef toute la région sud de Paris et les communes avoisinantes.

L'arrêté du Préfet de police était, nous l'avons vu, du 3 février 1877; l'arrêt du conseil d'État était rendu le 23 mars suivant, et lorsque les maires d'Arcueil, de Gentilly et de Montrouge dirent à M. Albert Gigot, préfet de police : « Cet arrêt a été obtenu en cinq ou six jours, » M. le Préfet répondit : « Quant à cela, messieurs, je ne saurais l'admettre; j'ai été pendant douze ans avocat au conseil d'État et jamais je n'ai vu, devant cette juridiction, une affaire en état à moins de six mois. » Mais le préfet dut se rendre à l'évidence en comparant les dates et en tenant compte du temps nécessaire aux notifications.

Un décret de circonstance.

Il y avait eu là, évidemment, une complaisance sans précédent de la part du conseil d'État; ce ne fut pas tout;

survint ensuite un décret qui témoignait d'une complaisance non moins persévérante ! Nous étions en temps d'ordre moral ! Avis à ceux qui croient faire de la république avec des administrateurs hostiles à cette forme de gouvernement.

Ce décret inconcevable parut à l'*Officiel* le 9 mai 1878, juste au moment où les maires d'Arcueil, de Gentilly, de Montrouge et de Paris (XIV° arrondissement), après s'être concertés pour faire annuler, par une action commune, l'arrêt du conseil d'État, venaient de communiquer leurs moyens d'attaque à M. le préfet de police qui, comme jurisconsulte, les avait trouvés suffisants pour obtenir gain de cause.

Notre principal moyen consistait en ce que l'enquête avait été faite illégalement pour une industrie de deuxième classe, alors que celle installée aux Hautes-Bornes était bien de première classe.

Une pièce émanant de la préfecture de police et datée du 29 janvier 1878 déclare que c'est le ministre de l'agriculture et du commerce qui avait décidé la forme de l'enquête, dans une circulaire, en date du 26 juin 1873, illégale autant qu'erronée, d'après laquelle on aurait « reconnu qu'une erreur s'était glissée dans la rédaction du tableau des industries soumises au classement. »

Il nous était facile de démontrer que le décret de 1866 avait eu raison de distinguer la fabrication du sulfate d'ammoniaque dans une usine où l'on prépare le sel ammoniac par l'emploi des matières animales (2° cl.), d'une fabrication consistant à préparer le sulfate d'ammoniaque directement par la distillation des matières animales (cl. Ire), et que, dans tous les cas, le législateur de 1866 eût-il eu tort, il n'appartenait pas à un ministre de supprimer de sa propre autorité la garantie pour la salubrité publique résultant d'une enquête de première classe, tant qu'un nouveau décret ne viendrait pas modifier cette législation.

Ce nouveau décret parut à l'*Officiel* du 7 mai 1878 ; il réformait la classification de 1866 ; il supprimait les deux articles que nous venons de rappeler et les remplaçait par ceci :

« Sel ammoniac et sulfate d'ammoniaque (fabrication des) par l'emploi des matières animales :

» 1° Comme établissement principal. Odeurs, émanations nuisibles, première classe.

» 2° Comme annexe d'un dépôt d'engrais provenant de vidange ou de débris d'animaux précédemment autorisé. Odeurs, émanations nuisibles, deuxième classe. »

Le décret de 1866 avait fait une distinction entre le sulfate d'ammoniaque fabriqué dans une usine et à l'aide de sel ammoniac (chlorhydrate d'ammoniaque) et le même sulfate d'ammoniaque obtenu directement par la distillation des matières animales, parce qu'il y avait, en effet, deux opérations parfaitement distinctes. Pure billevesée que cette distinction technique, dit le décret ; la seule question à se poser est de déterminer si la fabrique de sulfate d'ammoniaque est *établissement principal* ou *annexe d'un dépôt d'engrais* précédemment autorisé, comme si des questions aussi graves pouvaient être traitées avec de telles subtilités !

M. Teisserenc de Bort, alors ministre de l'agriculture et du commerce, comprit toute l'absurdité d'une semblable classification et s'en excusa devant les maires d'Arcueil, de Gentilly, de Montrouge, de Paris (XIV° arrondissement) et M. Benjamin Raspail, député, en disant que ce décret avait reçu sa signature sans avoir été examiné par lui ; qu'en ces questions, il pensait devoir s'en rapporter aux hommes compétents.

Nous lui fîmes observer que ce décret venait à point pour contrecarrer notre action commune et que nous voyions là une continuation des complaisances de l'Administration pour l'horrible usine des Hautes-Bornes.

Il voulut bien nous demander une note, qui lui fut adressée le 6 juillet 1878.

Il serait trop long de rapporter ici les termes de ce mémoire très motivé et la réponse inouïe que nous fit le comité consultatif des arts et manufactures. Alors que nous signalions les illégalités de l'autorisation accordée à l'usine des Hautes-Bornes, alors que nous montrions la santé publique compromise, ce haut comité nous répondait par de monstrueuses plaisanteries comme celle-ci :

« L'odeur provient des ESSENCES VOLATILES, analogues à un certain point de vue, et sous toutes réserves des différences, aux ESSENCES QUI FORMENT LE PARFUM DES FLEURS. Les eaux vannes ont leur BOUQUET, BOUQUET FACHEUX, sans doute, quand il s'exhale, mais, etc. »

O Parisiens ! qui, comme les suburbains, vous plaignez aujourd'hui des « odeurs de Paris », que vous êtes ingrats ! « A un certain point de vue et sous toutes réserves, des différences, » ne devriez-vous pas vous croire transportés au milieu des jardins embaumés de Nice et de Grasse ? Ah ! vous n'appréciez pas comme il convient le mérite particulier du bouquet des eaux vannes ! On vous avait comblés de parfums, et vous ne vous tenez point pour satisfaits ; eh bien ! on va vous en accabler ; attendez seulement que M. Albert Gigot fasse place à M. Andrieux. Sous le premier, la préfecture avait écouté

et accueilli les plaintes des maires des localités les plus
intéressées ; sous le second, elle semblera vous dire :
　　« Parisiens, le châtiment commence !
　　» Et dussiez-vous en être asphyxiés,
　　» Vidangeurs ! versez et déversez
　　» Malgré décrets et ordonnances ! »

Aussi l'usine des Hautes-Bornes en prenait-elle à son
aise ; le maire d'Arcueil ne s'y rendait pas une fois sans
y dresser des procès-verbaux de contravention aux pres-
criptions de l'autorisation ; chaque fois le juge de paix
de Villejuif appliquait l'amende de 1 à 5 francs et y ajou-
tait de temps à autre 24 heures de prison ; mais l'industriel, plus gêné de la prison que de l'amende, allait en
appel, où les juges ne manquaient, paraît-il, aucune occasion de le tenir quitte de cette corvée.

Le maire d'Arcueil-Cachan n'attachait pas grande im-
portance à ces condamnations dérisoires ; il avait pensé
cependant qu'elles devaient avoir pour conséquence la
fermeture de l'usine du sieur de Pauville, comme aupa-
ravant, pour la même cause, cela avait eu lieu lorsque
M. Forgeois en était propriétaire.

Mais il n'y a pas dans la préfecture de police qu'un
seul poids, qu'une seule mesure, puisqu'il n'en fut rien.

Il n'en fut rien, pardon, je me trompe, l'usine tripla sa
fabrication ! Mais, allez-vous vous écrier, vous tous qui me
lisez, la préfecture de police y mit bon ordre ? Attendez,
vous allez voir.

Couronnement de protection administrative.

Lors de mon avant-dernière visite à l'usine des Hautes-
Bornes — et il faut quelque courage et le sentiment du de-

voir pour affronter un pareil cloaque — je constatai, outre
les contraventions habituelles, que l'on triplait le maté-
riel. Le préfet de police, avisé le 21 novembre 1879, m'en-
voya, le 27, un inspecteur. Ce personnage comprenait sa
mission d'une façon toute spéciale, et je n'examinerai pas
si un compère de l'usinier en défaut eût eu une attitude
de beaucoup différente de la sienne. Je réclamai une
prompte solution, en faisant connaître que, si elle n'in-
tervenait pas à bref délai, j'agirais de ma propre autorité.
Mais je n'eus pas à en venir là, car le 29 novembre j'étais
chargé de notifier la décision suivante :

Monsieur le Maire,

Je viens d'être informé que la fabrique de sulfate d'ammoniaque du sieur de Pauville, située lieu dit les Hautes-Bornes, à
Arcueil, serait en ce moment en chômage par suite de travaux
destinés à lui donner de l'extension.

Le nombre des appareils distillatoires doit être porté, m'as-
sure-t-on, de un à trois, et on doit également établir de nouveaux générateurs.

Les modifications qu'on se propose d'apporter dans cet établissement étant *assez considérables pour changer la nature des
rapports existant entre lui et les propriétés voisines*, IL Y A
LIEU DE LE SOUMETTRE A L'OBLIGATION D'UNE NOUVELLE AUTORISATION.

Au cas où cet industriel ne se conformerait pas à votre injonc-
tion, vous auriez à dresser contre lui un procès-verbal de contravention que vous m'enverriez, etc.

Agréez, etc.

Pour le député préfet de police,
le chef de la 2ᵉ division,
CH. LESTIBOUDOIS.

C'était correct, n'est-ce pas? c'était conforme aux lois

et règlements ; mais comme c'était d'abord et surtout gênant pour l'industriel, celui-ci, comptant sur cette puissance occulte, sur cette sorte de providence qui assure sécurité et profit aux heureux possesseurs de l'usine des Hautes-Bornes, ne prit même pas la peine de protester, encore moins d'attaquer par écrit la décision du préfet de police ; il n'eut qu'à se présenter, assisté de son conseil, dans les bureaux du susdit préfet et le tour fut encore joué, et Parisiens et suburbains furent derechef plongés dans des vapeurs pestilentielles. Qu'on en juge :

Paris, 3 février 1880.

Monsieur le Maire,

. Conformément à mes instructions, vous avez, le 30 novembre dernier, notifié au sieur de Pauville qu'il ne pourrait faire usage des nouveaux appareils qu'il installait dans son établissement avant l'obtention, dans les formes prescrites par le décret du 15 octobre 1810 et l'ordonnance royale du 14 janvier 1815, d'une nouvelle autorisation.

A la suite de cette notification, *le sieur de Pauville et son conseil se sont présentés dans mes bureaux*, et ils ont déclaré qu'ils se croyaient autorisés à établir aux Hautes-Bornes de nouvelles colonnes distillatoires, la décision du conseil d'État du 23 mars 1877 n'ayant pas, en autorisant l'usine des Hautes-Bornes, déterminé le nombre de ces appareils.

. Il leur a été répondu que les termes généraux de cette décision les autorisaient peut-être à faire usage de plusieurs colonnes, mais qu'ils avaient eux-mêmes limité cette autorisation en employant une seule colonne depuis plus de deux ans, et que, par conséquent, il s'agissait en ce moment d'une véritable extension; de nature à augmenter les inconvénients résultant pour le voisinage de l'établissement actuel et à nécessiter, dès lors, une nouvelle permission.

C'était parfait, et l'on devait s'en tenir là ; il n'en fut rien ; poursuivons :

J'ai cru devoir soumettre à M. le ministre de l'agriculture et du commerce la question ainsi soulevée par le sieur de Pauville :

Pourquoi M. de Pauville ne le faisait-il pas lui-même ?

Par lettre du 3 janvier dernier, M. le ministre, *après avoir pris connaissance du rapport du comité consultatif des arts et manufactures...*

Ce fameux comité au parfum des fleurs et au bouquet.

... consulté par lui, m'a répondu que l'administration n'avait pas le droit d'interdire à M. de Pauville l'établissement du nombre d'appareils distillatoires et de chaudières à vapeur qui pouvaient lui être nécessaires et qu'elle devait se borner à veiller à ce que la fabrication de cet industriel ne soit alimentée que par les eaux du dépotoir Chatain.

En conséquence, je vous prie, monsieur le Maire, de vouloir bien adresser au sieur de Pauville une notification dans le sens de la lettre ministérielle précitée.

Agréez, etc.

Pour le député préfet de police,
le chef de la 2ᵉ division,

Сн. Lestiboudois.

Ainsi, parce que le conseil d'État avait omis de limiter le nombre d'appareils distillatoires dans cet arrêt rendu avec une précipitation sans exemple dans ses annales, le sieur de Pauville et ses nouveaux acolytes allaient pouvoir transporter et traiter sur le territoire d'Arcueil les vidanges de tous les dépotoirs du département de la Seine, et c'était le maire d'Arcueil qui devait notifier une aussi monstrueuse décision ! Cela devenait une lugubre plaisanterie, et il eût préféré briser sur-le-champ son mandat municipal plutôt que de se rendre complice d'une semblable mesure.

A ce moment, malheureusement, une maladie de toute gravité ne me permettait pas de connaître ce qui se passait autour de moi; il m'était absolument interdit de m'occuper d'administration, et la notification restait là, lorsque le 16 février on reçut le billet suivant :

Monsieur le Maire,

Je vous serai très obligé de me notifier les nouvelles instructions que vous avez reçues de M. le préfet de police.

Il y a déjà quelques jours que je comptais les recevoir.

Agréez, etc.

N. DE PAUVILLE.

Comme on le voit, la préfecture de police n'avait pas de secret pour M. de Pauville.

Mes adjoints, craignant d'encourir une responsabilité en différant davantage, firent la notification, et ce ne fut que lorsque mon état de santé me permit de reprendre les affaires municipales que je fus mis au courant de cette aggravation des dangers qu'occasionne, pour la salubrité, l'usine maudite. Avec ces agrandissements coïncida la formation de la Compagnie Urbaine au capital de 2 millons; M. Frédéric Lévy, ancien maire du XIe arrondissement sous l'Empire; Mlle Armande-Félicité Résuche, Ni-

cole de Pauville et le baron de Moreton de Chabrillan.
étant associés en titre.

Le conseil municipal d'Arcueil-Cachan, dans sa séance
du 14 avril 1880, a protesté énergiquement, mais en vain,
contre cet accroissement illégal d'autorisation.

Quoi qu'il advienne, honte à ceux qui, pour des motifs
que je ne veux pas rechercher, répondent par de tels
actes aux cris des victimes qui, depuis des années,
réclament vainement la liberté de respirer de l'air res-
pirable !

CONCLUSION

J'en ai suffisamment dit, je crois, pour établir que, si les fabriques de sulfate d'ammoniaque par les vidanges portent la désolation, parfois même la mort, dans les populations qui les entourent, ce n'est que grâce aux complaisances administratives que cette industrie dangereuse a pu atteindre un si grand développement ; il y a urgence à prendre des mesures rigoureuses ; qu'on ne vienne pas jeter la confusion dans les esprits, comme le faisait l'autre jour l'agence Havas, qui attribuait les effets funestes de ces usines aux émanations ammoniacales, alors qu'au contraire il faut en voir la cause dans l'acidité des gaz et vapeurs rejetés dans l'atmosphère, puisque l'ammoniaque a été retenue par l'acide sulfurique.

Qu'on cesse de retarder la solution par des enquêtes sans raison confiées à des commissions aux agissements desquelles on peut attribuer en grande partie aujourd'hui le mal que constate toute la Presse, sans distinction d'opinion.

La société de vidange l'Urbaine, propriétaire de l'usine des Hautes-Bornes, y fait en ce moment des travaux immenses, parce que d'une part elle se croit toujours assurée des complaisances sans nom de l'administration à son égard ; parce qu'ensuite celle-ci lui a fait espérer qu'en cas de fermeture elle serait indemnisée, et que plus on paraîtra grand, plus on élèvera le chiffre de ses prétentions. Aussi quelle activité dans ce vaste chantier de construction !

Mais aujourd'hui que la question est connue à fond, que tout le monde sait la principale source des « odeurs de Paris », que chacun est initié aux agissements de ces industriels et édifié sur la vigilance des fonctionnaires chargés de les réglementer, ces belles espérances doivent disparaître ; l'autorisation primitive de l'usine des Hautes-Bornes est vicieuse, nous l'avons démontré ; l'autorisation récente qui tendrait à permettre un développement indéfini de cette usine malfaisante est illégale, est insensée. Le dépotoir Chatain seul est légalement autorisé ; seul il pourrait réclamer une indemnité, et cette indemnité ne saurait être fort élevée puisqu'il ne consistait qu'en quatre bassins de 16 mètres sur 5 mètres, suivant plan fourni le 16 mars 1852, et encore avec cette condition, favorable au voisinage, mais impossible à réaliser économiquement par l'entrepreneur, « *de n'apporter dans ce dépôt que des* MATIÈRES DÉSINFECTÉES *ou de les désinfecter au moment même de leur arrivée* » (19 août 1852) ; et, pour qu'à cet égard il n'y ait pas d'erreur possible, rappelons les termes de la demande d'autorisation, du 5 mai 1852, adressée à la préfecture par les sieurs Richard et Ménage, prédécesseurs du sieur Chatain. Elle porte « *que les matières de vidange sont* PARFAITEMENT DÉSINFECTÉES *dès leur entrée dans le clos ;* que les liquides sont ENTIÈREMENT ABSORBÉS PAR LA TANNÉE et que, vendues à l'état solide, elles ne répandent plus la MOINDRE ODEUR APPRÉCIABLE en dehors du clos. »

Il n'y a donc pas lieu à exproprier l'usine des Hautes-Bornes et la demande d'indemnité que pourrait former la Cie Urbaine manque de base; elle ne se renferme même pas dans les limites de son autorisation entachée d'illégalité; des condamnations nombreuses l'établissent. Elle est un danger permanent pour les populations qui l'entourent; il n'y a donc qu'à appliquer l'article 12 du décret du 15 octobre 1810, ainsi conçu :

« Toutefois, en CAS DE GRAVES INCONVÉNIENTS *pour la salubrité publique, la culture ou l'intérêt général* (et c'est bien le cas ici), *les fabriques et ateliers* DE PREMIÈRE CLASSE qui les causent pourront être *supprimés* en vertu d'un décret rendu en notre conseil d'État, après avoir entendu la police locale, pris l'avis des préfets, reçu la défense des manufacturiers ou fabricants. »

Qu'on applique donc enfin les lois; la situation ne comporte pas l'attente d'un texte nouveau, avec plus ou moins *d'articles 7*, et s'il est vrai, comme on l'assure, que, parmi ceux qui sont chargés de réprimer tous les méfaits des vidangeurs et de leurs acolytes, il en est qui sont plus ou moins actionnaires de ces établissements malfaisants, eh bien! vienne le moment où ils auront le courage de formuler leurs réclamations, alors on s'occupera d'eux... suivant leur mérite.

Il faut que les plaintes des victimes, les vœux du conseil général de la Seine, des conseils d'arrondissement de Sceaux et de Saint-Denis, des conseils municipaux de toutes les communes du département, soient enfin écoutés et reçoivent une satisfaction qui, si prompte qu'elle soit, ne sera que trop tardive.

LES

DÉPOTOIRS SUPPRIMÉS

MOYEN D'Y SUPPLÉER

La suppression des dépotoirs et des fabriques de sulfate
d'ammoniaque par la distillation des matières fécales ne
peut être différée davantage; pour les fabriques de sulfate
d'ammoniaque, personne n'hésitera; mais, pour les dépotoirs, la suppression venant à être décidée, on se demande
comment débarrasser Paris de cette masse considérable
de matières extraites chaque jour des fosses d'aisances.

La difficulté est plus apparente que réelle, car, ne l'ou-
blions pas, il s'agit d'un engrais qui, autour de Paris,
n'est pas recherché à cause de la quantité d'autres matières équivalentes que fournit la capitale et qui sont autrement faciles à emmagasiner; mais dans les régions
calcaires, arides, où, faute de fumier, on laisse les terres
en friche, cet engrais serait précieux pour la culture. Je
sais bien que les cultivateurs ne se montreront pas tout
d'abord très désireux d'en faire usage et, pour commen-

cer, seront des acheteurs peu empressés. S'ils n'en veulent pas à prix d'argent, on le leur donnera, en attendant mieux, et ils l'accepteront.

Mais, dira-t-on, le transport deviendrait bien plus onéreux. L'objection est, dans une certaine mesure, quelque peu fondée ; pourtant la dépense supplémentaire n'aura rien d'excessif ; en effet, actuellement les tonnes de vidange sont portées, à une certaine distance de Paris, dans les dépotoirs. Or, la traction est très coûteuse, puisqu'il faut toujours monter pour parvenir à destination.

Au lieu de cela, que ces tonnes aillent déverser leur contenu dans des bateaux construits spécialement pour cet usage et amarrés sur la Seine ou les canaux ; que ces bateaux soient munis d'une machine à vapeur pour la locomotion et le fonctionnement de pompes ; ils transporteront les matières vers les localités dépourvues d'engrais et, à l'aide de leurs pompes, les enverront soit dans des dépotoirs situés à une très grande distance des habitations, ou mieux dans des tonneaux qui les transporteront directement vers les exploitations agricoles. Il est certain qu'ainsi on n'aura, en plus du transport actuel, le transport par eau, peu dispendieux, et un second rechargement, également très peu coûteux.

Mettons les choses au pire et supposons par impossible que la culture ne veuille ou ne puisse pas utiliser tout ; on devrait, dans ce cas, se résigner à conduire les bateaux de vidange jusqu'en mer, à une certaine distance des côtes, en attendant mieux.

Si l'édilité parisienne décide, comme il en est fortement question, que les liquides seront rejetés directement à l'égout, il n'y a plus de difficulté pour le mode d'opérer qué je propose, puisque la partie solide se réduit à un volume relativement très faible; les frais de transport seront réduits en proportion et les dépenses considérablement diminuées en même temps que l'engrais sera plus fertilisant.

Séparateur automatique des solides et des liquides.

Le problème à résoudre devient des plus simples par le moyen que je vais décrire.

Si l'on sépare les liquides des solides après un long séjour dans les fosses, on rejette à l'égout ces liquides en pleine décomposition et chargés de tous les éléments qui constituent ce que les vidangeurs désignent sous le nom de « plomb »; celui qui respire le gaz qu'ils dégagent en meurt.

Il faut donc absolument ne pas donner aux urines le temps d'entrer en fermentation avant leur écoulement à l'égout.

On s'est servi de tinettes filtrantes; elles ont l'inconvénient, inhérent à tous les appareils filtrants, de s'obstruer plus ou moins et de laisser en contact les liquides nouveaux avec les solides déjà anciens. Ce n'est sans doute pas encore des liquides en cet état que le Conseil municipal de Paris voudra déverser dans les égouts. Voici le moyen simple que je propose d'employer; il peut immédiatement être établi, presque sans dépense, dans toutes les fosses existantes.

Soit A le tuyau de chute; terminez-le par une partie évasée, un entonnoir renversé B; placez au-dessous de A

et dans un axe commun un tuyau C d'un diamètre légère-
ment plus grand que celui de A.

Supposons que des matières solides et liquides viennent
à être projetées dans A; les solides vont tomber en suivant la verticale et passeront par C, tandis que les liquides,

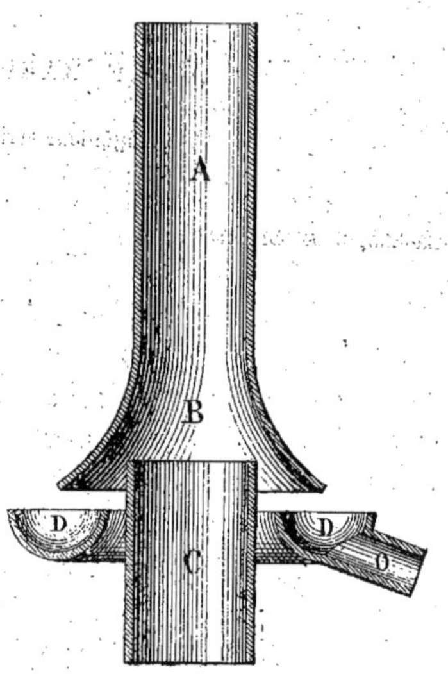

de par leur adhérence aux parois de A, suivront la paroi
évasée de B et tomberont hors de C. Il n'y aura donc plus
qu'à disposer sous le bord inférieur de B une gouttière
annulaire DD pour recevoir les liquides et les conduire
directement, par un ajutage O, à l'égout ou ailleurs,
sans le moindre séjour sur les matières solides, qui seront
reçues dans des tonnes ou tinettes placées au-dessous du
tuyau C.

Il est impossible de trouver un procédé plus simple, plus économique et plus facile à installer dès à présent ; je le donne avec cette seule ambition de le voir contribuer à l'assainissement de la grande ville, que tant d'autres, par des trafics honteux, sont parvenus à couvrir de miasmes infects et dangereux pour la santé.

ÉMILE RASPAIL

Ingénieur civil.

Arcueil-Cachan, 5 octobre 1880.

APPENDICE

Ce petit travail venait d'être remis à l'imprimerie, lorsque je lus, dans le *Journal officiel* du 7 octobre, le rapport du *Conseil d'hygiène publique et de salubrité du département de la Seine*, à M. le préfet de police.

Je ne veux pas rechercher s'il n'appartient pas au *Conseil d'hygiène publique et de salubrité*, non moins qu'au *Comité consultatif des arts et manufactures*, de faire son *meâ-culpâ*, en présence de la pitoyable situation de l'hygiène et de la salubrité du département de la Seine ; je constate simplement que son rapport vient à l'appui de ce que j'ai avancé, tout en restant prudemment dans le vague ; il propose des mesures réglementaires, mais aucun moyen efficace de détruire le fléau ; il est vrai que pour lui « il semble fort difficile, il faut l'avouer, de supprimer toute émanation d'un certain nombre de ces usines. La quantité considérable de matières organiques sortant des fosses d'aisances (un million de mètres cubes par an), des abattoirs et du balayage de la voie publique, dans une ville de deux millions d'habitants, ne saurait être utilisée sans laisser échapper *quelques odeurs plus ou moins infectes.* »

« Quelques odeurs ! » cela vaut-il la peine d'en parler ?

Certes non ; le Comité a qualifié ces odeurs de « plus ou moins infectes, » et dans la crainte, sans doute, de nuire par de telles appréciations à ces établissements *classés et déclassés :* « Hâtons-nous de répéter toutefois, ajoute-t-il, que les émanations provenant des hautes cheminées de ces usines, si elles sont désagréables et incommodes, ne portent pas au loin des miasmes *comme quelques personnes l'ont prétendu.* »

« Quelques personnes ! » Vous n'avez donc pas vu, Messieurs du Comité, le volumineux dossier de la préfecture de police avec les vœux du conseil général, des conseils d'arrondissement, des conseils municipaux du département de la Seine ? Vous ignorez donc que les municipalités se sont faites simplement l'écho de milliers d'habitants infectés, et en ce qui concerne la multiplicité des miasmes et leur gravité, ne les reconnaissez-vous pas vous-mêmes lorsque, deux paragraphes plus loin, vous ajoutez :

« C'EST A PEINE SI LA SCIENCE CONNAÎT LA NATURE *des gaz et des vapeurs émanant, par exemple, des dépôts de vidanges et des fabriques de sulfate d'ammoniaque. Il existe, dans les odeurs produites, outre l'hydrogène sulfuré, l'hydrogène carboné et le sulfhydrate d'ammoniaque, des composés tels que les sulfures de méthyle et d'éthyle, l'indol, le scatol, l'indican, etc., et les cyanures et isocyanures des mêmes séries,* SUBSTANCES INSTABLES, MODIFIABLES, ET DONT, PAR SUITE, LA PRÉSENCE EST DIFFICILE A CONSTATER. »

Et après cette énumération où l'inconnu conserve encore une énorme part, comment pouvez-vous répondre aux victimes de ces émanations « modifiables, » fussent-elles modifiées : « Les vapeurs et gaz qui les composent, après avoir été fortement chauffés dans les appareils de fabrication (sans quoi ils n'existeraient pas), sont dirigés finalement sous le foyer, de telle sorte que les germes morbifiques qu'ils pouvaient contenir ont été détruits, ainsi qu'il résulte des travaux de notre collègue, M. Pasteur. »

Nous nous sommes expliqué sur ce point, et nous ne saurions admettre que M. Pasteur, qui, dans ses travaux scientifiques, a eu d'acharnés contradicteurs, ait pu conclure d'expériences chimiques que, contrairement à la dure épreuve qu'en ont faite, contraints et forcés, Parisiens et suburbains, les émanations de ces usines sont devenues inodores, ainsi que les inspecteurs de la préfecture de police n'ont cessé de le prétendre, ayant sans doute la chance persévérante de ne rôder autour des usines infectes que placés *à bon vent*.

Nous avons restreint à dessein le nombre de produits dégagés et rejetés au dehors dans les fabriques de sulfate d'ammoniaque ; que serait-ce si l'on examinait de même ce que deviennent les nombreux gaz et vapeurs énumérés par le comité d'hygiène et de salubrité ?

Pour n'en prendre qu'un genre, le comité cite les cyanures et isocyanures ; est-ce que ces sels décomposés par l'acide sulfurique ne vont pas laisser en liberté des produits subtils et excessivement dangereux, dont l'acide cyanhydrique ?

Or, qu'est-ce que cet acide ? Ouvrons la *Chimie* de Regnault, nous lisons : « *L'acide cyanhydrique*, appelé communément ACIDE PRUSSIQUE, *est un des poisons les plus violents que l'on connaisse.* Une goutte, placée sur la

langue d'un chien, le fait périr presque instantanément ;
c'est donc une substance qu'il ne faut manier *qu'avec
les plus grandes précautions* et DONT ON DOIT BIEN SE
GARDER DE RESPIRER LES VAPEURS. » (Édition de 1851.)

Le comité, lui non plus, ne cache pas ses préoccupa-
tions, seulement elles diffèrent des nôtres ; il veut bien
qu'on agisse, mais sans « perdre da vue, ainsi que le
lui recommandait justement M. LE MINISTRE DE L'AGRI-
CULTURE ET DU COMMERCE A LA DATE DU 7 JANVIER 1878,
que les *conditions à imposer aux usiniers soient pratica-
bles et susceptibles d'être réalisées* SANS ENTRAINER LA
SUPPRESSION DE LA FABRICATION ELLE-MÊME. »

Nous ne pouvons donc tomber d'accord avec le *Comité
d'hygiène et de salubrité ;* il semble redouter la suppression
des usines qui fabriquent le sulfate d'ammoniaque par la
distillation des matières fécales, fussent-elles insalubres
au suprême degré et placées au milieu de centres popu-
leux ; nous, nous demandons de toutes nos forces leur
suppression parce qu'elles constituent un danger public ; nous la demandons et nous ne cesserons de la demander, parce qu'on ne peut mettre en balance l'intérêt
de quelques industriels et celui de deux millions
d'hommes ; parce que la première et la plus précieuse
richesse d'un pays est la force et la santé de ses habitants ; parce qu'enfin il n'y a pas d'atermoiements pos-
sibles avec la peste ni d'accommodements avec la mort.

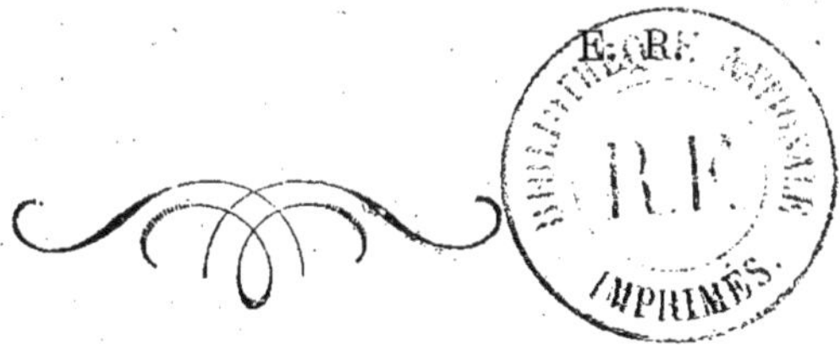

9 782019 983796